AF547071

KLARTEXT

Hans Blossey

MÜNSTER

VON OBEN

Die schönsten Luftbilder der Stadt

Fotojournalist und Pilot Hans Blossey mit seinem Reisemotorsegler Dimona H36. Foto: Peter von Felbert

HANS BLOSSEY

1952 in Essen geboren. Fotovolontariat bei der Westdeutschen Allgemeinen Zeitung in Essen, Arbeit als Bildredakteur im gesamten Ruhrgebiet. 1991 Wechsel in die Zentral-Redaktion der WAZ und zehn Jahre lang verantwortlicher Fotograf für die Seite Eins- und die Reportage-Redaktion. 2009 Selbständigkeit als journalistischer und gewerblicher Luftbildfotograf. Seit 1983 mit drei Fluglizenzen und seit 1988 mit dem eigenen Flugzeug unterwegs.Sein Luftbildarchiv zählt mittlerweile über 265.000 Aufnahmen und wird vervollständigt durch internationale Reisefotografie.
Hans Blossey ist darüber hinaus Mitglied in der Fotografenvereinigung freelens/Hamburg und Dozent an der Essener Medienakademie Ruhr im Bereich Fotojournalismus.

www.luftbild-blossey.de

Bibliografische Information der Deutschen Nationalbibliothek
Die Deutsche Nationalbibliothek verzeichnet diese Publikation in der Deutschen Nationalbibliografie; detaillierte bibliografische Daten sind im Internet über http://dnb.dnb.de abrufbar.

IMPRESSUM

1. Auflage September 2020
Satz und Gestaltung: Achim Nöllenheidt
Umschlagfotos: Hans Blossey
Umschlaggestaltung: Ina Zimmermann
Druck und Bindung: Griebsch & Rochol Druck GmbH, Gabelsbergerstraße 1, 59069 Hamm

ISBN 978-3-8375-2263-1

KLARTEXT

Jakob Funke Medien Beteiligungs GmbH & Co. KG
Jakob-Funke-Platz 1, 45127 Essen
info@klartext-verlag.de, www.klartext-verlag.de

INHALT

VORWORT

Hans Blosseys faszinierende Luftbilder nehmen uns mit auf eine spannende Reise durch Münster und das Münsterland. Grandiose Ausblicke ermöglichen völlig neue, ungeahnte Sichtweisen und laden zum (Wieder-)Entdecken einer vielseitigen Stadt und Region ein.

Über und unter den Wolken gelingen Blossey Aufnahmen, die durch die Ausweitung des Blickwinkels spannende Perspektiven eröffnen. Seine Fotografien bieten ein doppeltes sinnliches Vergnügen, weil sie erhabene Übersichten mit einem überwältigenden Detailreichtum vereinen.

Der Band kombiniert Natur- mit Urbanmotiven, die die besondere Infrastruktur der traditionsreichen Stadt deutlich machen. Blossey zeigt nicht nur die bekannten Münsteraner Kirchen, sondern auch den Prinzipalmarkt, das gotische Rathaus und den Aasee. Darüber hinaus widmet er sich dem Münsterland mit seinem ländlichen Charme und seinen eindrucksvollen Schlössern. Die aus der Vogelperspektive beobachteten Architekturen der Stadt- und Naturräume faszinieren zudem durch ihre Formen und Farben.

So entwickeln Blosseys Fotografien über das bloße Abbild hinaus einen künstlerischen Perspektivwechsel, der Lust darauf macht, die Stadt Münster und das Münsterland auf jeder Seite neu zu erleben.

Achim Nöllenheidt

ANSICHTEN

Altstadt mit dem Prinzipalmarkt und dem Historischen Rathaus

Bild vorherige Doppelseite:
Altstadt mit St.-Paulus-Dom,
Domplatz, Kirchgarten
und Prinzipalmarkt

Blick auf den Aasee

Bild nachfolgende Doppelseite:
Fürstbischöfliches Schloss,
Westfälische Wilhelms-
Universität

Altstadt, Promenadenring
und Schlosspark

Allwetterzoo Münster, LWL-Museum für Naturkunde mit Planetarium am Aasee

Bild nachfolgende Doppelseite:
Stadthafen Münster
mit Promenade

Das Zentrum von Münster
in Abendstimmung

Nedlloyd

KLEIN GEFLÜGELFEINKOST

Bild nachfolgende Doppelseite:
Schlossgarten Münster

Preußenstadion, Heimat
von Preußen Münster

Altstadt,
St. Lamberti-Kirche

Europäisches Vogelschutzgebiet:
die Rieselfelder Münster

Der auch Nordpark genannte
Wienburgpark mit Schilfsee

IM & AM WASSER

Die Gastronomie A2 am Aasee |

Freizeit- und Erholungszentrum von Münster: der Aasee

Der „Pardo-Pier“ am Aasee, geschaffen vom Künstler Jorge Pardo für die „skulptur projekte“ 1997

Skulptur „Ohne Titel“ von Donald Judd auf der Aaseewiese unterhalb des Mühlenhofs (oben);
Freizeit auf dem Aasee: Ausflugsschiff neben Seglern

Bild nachfolgende Doppelseite: Fluss-Badestelle an der Münsterschen Aa

Die Münstersche Aa am Wienburgpark (links);
Stadthafen Münster in der Abenddämmerung

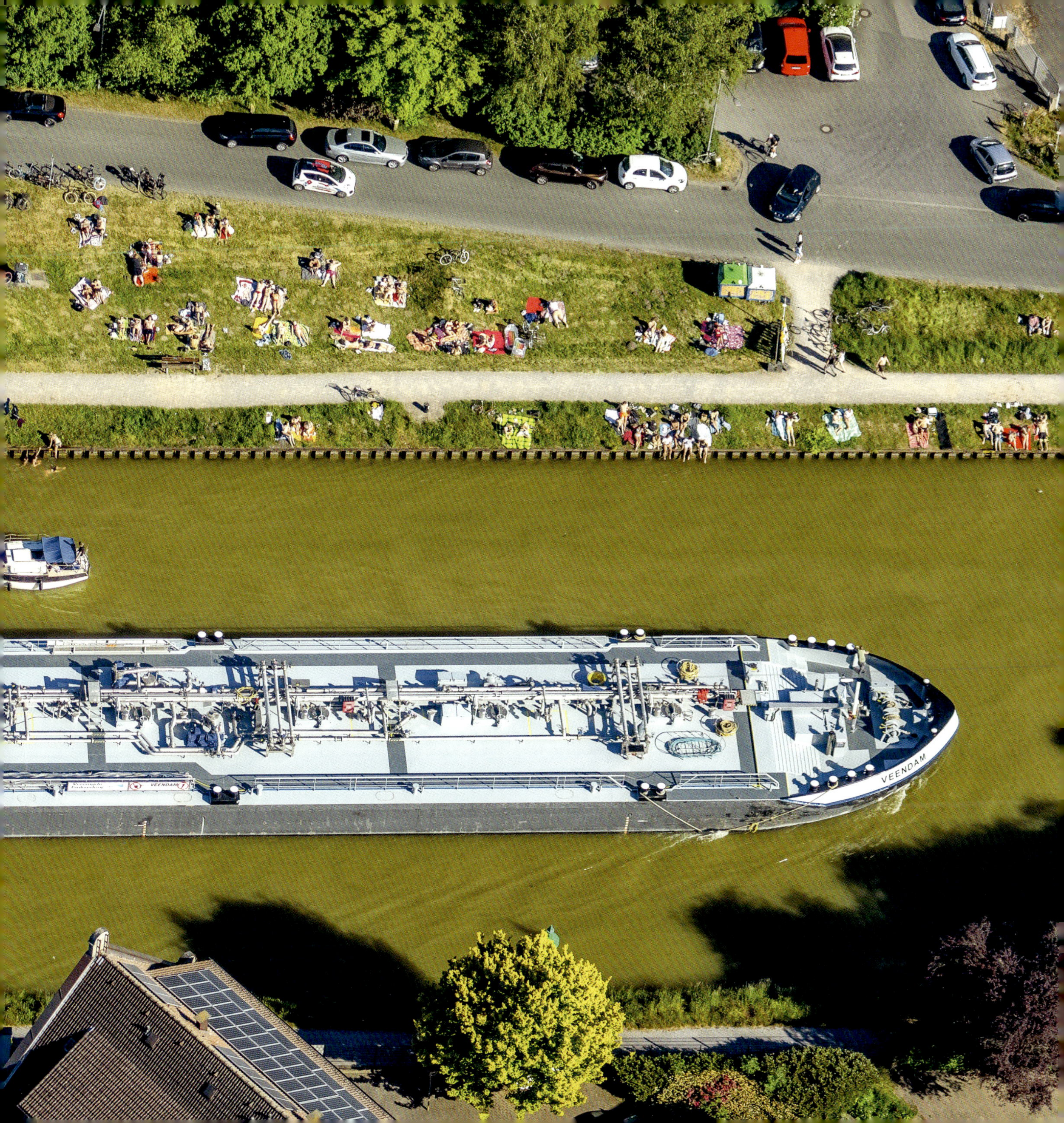
VEENDAM

I Bild vorherige Doppelseite: Sonnenbaden am Dortmund-Ems-Kanal

| Entwicklung vom Güterumschlagplatz zum Kreativkai: der Stadthafen Münster

Mischung aus umgebauten Speicherhäusern und moderner Architektur: der Kreativkai

Die Kanalinsel Hiltrup am Dortmund-Ems-Kanal mit dem Werksgelände der BASF Coatings GmbH

Schleuse Münster am Dortmund-Ems-Kanal (links);
Hiltruper See (oben); Franz-Felix-See bei Greven

STADTLEBEN

Die Innenstadt bei Nacht |

Der Picassoplatz mit Picassobildnis (oben);
Altstadtblick mit St.-Paulus-Dom, Domplatz, St.-Lamberti-Kirche und Prinzipalmarkt

Kath. St.-Ludgeri-Kirche (oben);
die Altstadt mit Promenadenring im Überblick

Hauptbahnhof
Münster

Einkaufszentrum an
der Clemenskirche

Bild rechte Seite: Elefantengehege im Allwetterzoo

LWL-Museum für Naturkunde mit Planetarium

Bockwindmühle im Mühlenhof-Freilichtmuseum

Bilder rechte Seite:
Petrikirche und Audimax
der Westfälischen Wilhelms-
Universität (oben);
St.-Martini-Kirche,
Theater Münster

Evangelische
Universitätskirche Münster
mit Buddenturm

Bild rechte Seite:
Kath. Clemenskirche,
Altstadt

Kath. Dyckburg-Kirche

Kirchengebäude
Liebfrauen-Überwasser

Fernmeldeturm Münster (links);
Historisches Wasserwerk Münster – Hohe Ward

Wasserturm Münster-Geistviertel (oben);
Speicherstadt Münster

Das Universitätsklinikum Münster besteht aus über 40 einzelnen Kliniken und Polikliniken.

Zentralklinikum des Universitätsklinikums Münster

LBS Westdeutsche Landesbausparkasse (links);
Zentrale der LVM Versicherung und Westdeutsche Lotterie GmbH

| Westnetz GmbH, ehemals RWE Westfalen-Weser-Ems Netzservice GmbH

| Gebäude der Deutschen Rentenversicherung Westfalen

Bild rechte Seite:
Kath. Kirche St. Mauritz,
Mauritzviertel

Romantik Hotel
Hof zur Linde, Handorf

Pensionsstall des
Reitstalls Averkamp,
Gremmendorf

Kirche St. Agatha, Angelmodde (links);
Ortsansicht von Wolbeck im Stadtbezirk Süd-Ost

Überwasserschule Münster, Katthagen, Münster-Mitte

Schloss / Drostenhof
Wolbeck

Wasserschloss Westerwinkel,
Ascheberg

Ortsmitte Ostbevern (oben);
Schloss Loburg

Telgte: Kath. Propsteikirche St. Clemens (links);
Haus Langen (oben); Hof „Reiten und Fahren“ Schulze Hobbeling

Bild rechte Seite:
Ortskern
Drensteinfurt

Haus Venne,
Drensteinfurt-
Mersch

Haus Bisping,
Drensteinfurt-
Rinkerode

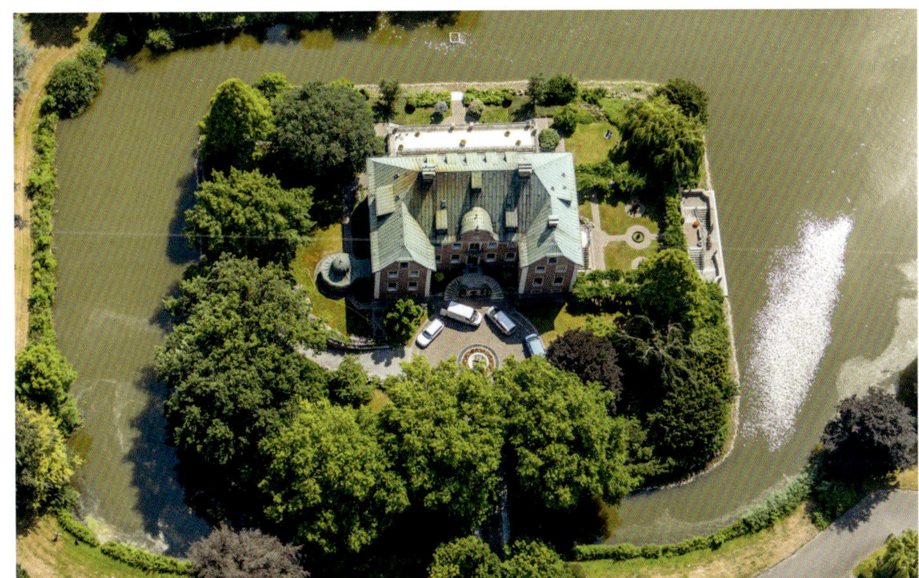

Haus Borg (links) und Haus Göttendorf (oben) in Drensteinfurt-Rinkerode;
Haus Itlingen, Ascheberg

Wasserschloss Westerwinkel, Ascheberg (oben);
Stadtkern Sendenhorst

Flughafen
Münster/Osnabrück

Das Schloss Nordkirchen
mit seiner barocken
Schlossanlage

Bild folgende Seite:
Stadtkern
Lüdinghausen

Burg Vischering,
Lüdinghausen

Renaissanceburg
Lüdinghausen

Schloss
Senden

Ortszentrum
Nottuln

Longinusturm,
Nottuln

Haus Giesking,
Nottuln

Haus Havixbeck (links), Ortskern (oben)
und Burg Hülshoff in Havixbeck

Propsteikirche St. Ludgerus (links) und
Benediktinerabtei Gerleve, Billerbeck

Haus Hameren,
Billerbeck

Haus Runde,
Billerbeck

Katholische Pfarrkirche St. Johannes Baptist, Altenberge

Pfarrkirche St. Dionysius, Nordwalde

FORMEN & FARBEN

Felder mit Baum, Telgte |

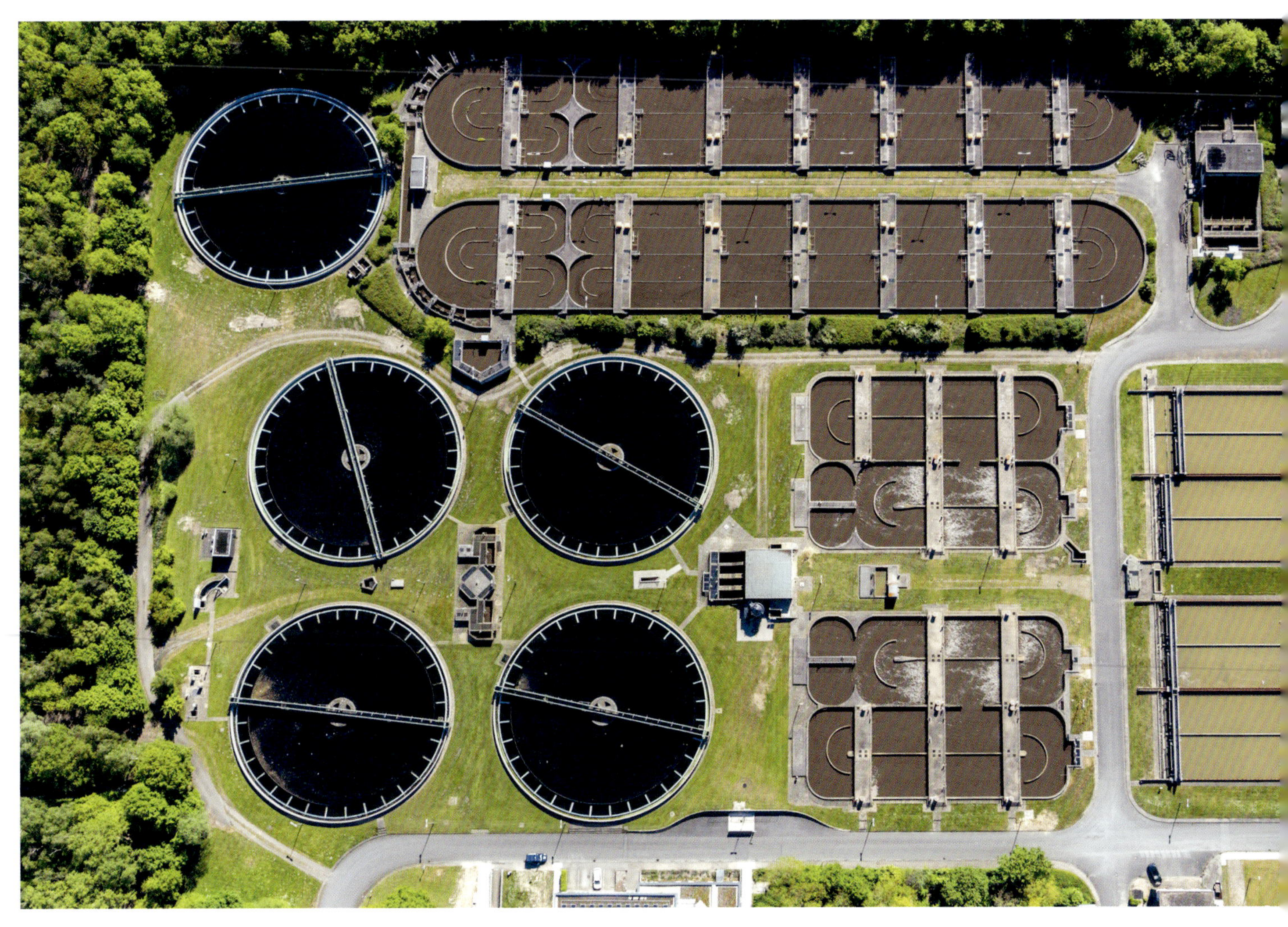

Kräutergarten im Mutterhausgarten am St. Franziskus-Hospital, Münster (links);
Hauptkläranlage Coerde, Münster

Traktor mäht Wiese, Münster (oben);
Botanischer Garten der Westfälischen Wilhelms-Universität Münster

Autobahnkreuz Münster-Süd (A1/A43) (links);
Spargelfeld, Südmühlenstraße, Kamillusweg, Münster-Handorf

Bild vorherige Doppelseite: Reitanlage Stapelskotten, Münster

Baumreihe im Rapsfeld an der Ems, Greven